DÉSIGNATION

DES TABLEAUX.

ÉCOLE ITALIENNE.

LÉONARD DE VINCI (École de).

1 — La Vierge tenant l'Enfant-Jésus dans ses bras, elle est dirigée vers la gauche. B.

FRA BARTHOLOMÉO DE SAINT-MARC.

2 — Saint Jérôme en costume de cardinal, il est debout, un livre à la main, suivi par son lion. C.

CORRÈGE (ALLEGRI, dit le).

3 — Le Christ sortant du tombeau est soutenu par des anges. Le sentiment des têtes, l'empâtement des chairs, tout dans ce bon tableau nous semble justifier son attribution. T.

CARRACHE (ANNIBAL).

4 — Les Saintes Femmes près du corps de Jésus. Belle composition connue par la gravure de Roullet. T. Ce tableau est dans un riche cadre à figures et ornements à jours sculptés.

5 — Saint Jean-Baptiste dans le désert, il est assis dans une grotte, son mouton à ses pieds. T.

6 — Christ mort étendu sur un linceul. B.

CARRACHE (Augustin).

7 — Saint Jérôme dans le désert.

GUIDO RÉNI.

8 — La Vierge à mi-corps, tenant l'Enfant-Jésus couché sur un coussin. T.

9 — Un Saint agenouillé au pied d'un autel, la moitié du corps dépouillé de ses vêtements, prêt à s'infliger la pénitence. Très bon tableau d'une savante exécution. T.

GUERCHIN (Ecole du).

10 — La Vierge, l'Enfant-Jésus et Saint Joseph. Effet de clair obscur. Bon tableau. T.

DANIEL CRESPI, 1605.

11 — Saint Joseph embrassant l'Enfant-Jésus. T.

PROCCACINI.

12 — Saint Jean endormi au pied d'un arbre ; à gauche, un chérubin retient le mouton qui va troubler son sommeil. Dans le haut de la composition, deux chérubins se disputent la croix du petit Saint Jean. T.

SCHIDONE.

13 — Tête de Vierge. Petit tableau ovale. Il est sur bois.

PAUL VÉRONÈSE.

14 — Jésus et la Magdeleine chez le Pharisien. Très belle composition de ce maître connue par la gravure. T.

SALVATOR ROSA.

15 — Paysage de style agreste, au premier plan, des figures d'hommes armés. T.

SALVATOR ROSA (compositions de).

16 — Batailles. Deux tableaux en pendant. T.
17 — Deux très grandes batailles. Deux tableaux en pendant.

MOLA (François).

18 — Saint Joseph tenant l'Enfant-Jésus dans ses bras. T.

CARLE MARATTE.

19 — La Vierge reçue dans le ciel par Dieu le père, à ses pieds le mauvais ange sous la forme d'un dragon. B.
20 — L'Enfant-Jésus endormi sur les genoux de la Vierge; près d'eux, Saint Joseph en contemplation. T.

PANNINI.

21 — Ruines d'un temple au bord de la mer.

PAUL DE FERG.

22 — Suzanne et les vieillards, et Betsabé au bain. Deux petits tableaux d'une grande finesse d'exécution. Ils sont sur cuivre.

ÉCOLE ESPAGNOLE.

MURILLO et SON ÉCOLE (Barthélemy-Esteban).

23 — Le petit saint Jean assis dans le désert, tenant sa croix de la main gauche, et montrant de la main droite à son mouton, une source placée au bas à gauche.

24 — Saint Jérôme à genoux devant un crucifix, à l'intérieur d'une grotte. B.

25 — La récolte des figues. La composition de ce sujet nous semble figurer l'automne. Tableau de forme ovale.

26 — Saint Jean tenant la croix de la main droite, et son mouton de la main gauche. T.

RIBALTA (Francesco).

27 — L'Assomption de la Vierge, elle est debout sur un croissant, les mains jointes, sur sa tête une couronne. B.

28 — Saint Jérôme à genoux devant un crucifix. T.

ZURBARAN.

29 — Moines dans le désert. Celui assis en avant vêtu d'une robe blanche, tient une croix sur laquelle il paraît prier ; un autre, près de lui, appuyé sur un rocher, le regard levé vers le ciel, tient un chapelet. Peinture énergique et d'un beau caractère. T.

30 — Un jeune garçon montre en riant une tourte, pour laquelle il paraît avoir reçu une pièce de monnaie qu'il tient de sa main droite. T.

ALONSO CANO.

31 — L'Enfant-Jésus couché endormi sur la croix.
32 — Le Sauveur vu à mi-corps devant un rocher, sur lequel est son mouton. C.
33 — Sainte Madeleine, sa main gauche appuyée sur une tête de mort, et tenant de la droite un crucifix ; un ange lui pose une couronne de roses sur la tête. T.

JUAN DE LAS ROELAS.

34 — L'Education de la Vierge par sainte Anne. T.

JUAN DE PAREJA.

35 — Jeune seigneur espagnol de la cour de Philippe IV, vu à mi-corps. Tableau sur toile.

ARTISTE PORTUGAIS.

36 — Bouquets de fleurs. Deux tableaux. T.

ÉCOLES ALLEMANDE, FLAMANDE, HOLLANDAISE ET ANGLAISE.

ACHTSCHELLINGS.

37 — Riche paysage avec monuments d'architecture, et animés de figures de seigneurs et dames groupés différemment. T.

BACHUISEM (premier temps de).

38 — L'Entrée d'un port de mer; à gauche, deux vaisseaux de haut rang font leur entrée, voiles déployées. Au premier plan, à terre divers pêcheurs. Effet de soleil couchant. T.

BARENT GAEL.

39 — Maréchal ferrant un cheval à la porte d'une maison de paysan. B.

BERENTH (Jean).

40 — Suite de six miniatures représentant l'Enfant prodigue.

BOUT et BOUDEWINS.

41 — Voyageurs arrêtés à la porte d'une hôtellerie de village, et pâtre et animaux au repos près de monuments en ruines. Deux tableaux sur toile.

BOTH (manière de Jean et André).

42 — Pâtre et animaux au premier plan d'un riche paysage. T.

BREUGHEL DE VELOURS et VAN BALEN.

43 — Sainte-Famille. Dans un riche paysage des anges offrent des fleurs à la Vierge. T.

BRACKELEER.

44 — Dans un intérieur hollandais, un jeune garçon se dispute avec une jeune fille pour une gaufre, ce dont rit la vieille femme qui est dans le fond près de la cheminée. Joli tableau sur bois d'un artiste moderne flamand dont les productions sont très recherchées.

CUYP (Albert).

45 — Un Coq et une poule. T.

CUYP, 1645 (signé).

46 — Vaches et moutons dans un paysage. Ce tableau sur bois a été aussi attribué à *Klomp*.

DIETRICY (Ernest).

47 — Paysage animé de pâtres et troupeaux. B.
48 — Paysage montagneux, une rivière coule entre des rochers; pendant du précédent. B.
49 — Un Paysan à mi corps pinçant l'oreille d'un chien qu'il tient dans ses bras. B.
50 — Un Fumeur bourrant sa pipe. B.
51 — Les musiciens ambulants, deux études. B.

GRAFT (Jean).

52 — Marchand de gibiers et Marchand de légumes. Deux tableaux sur bois, fins d'exécution.

HONDERKOETER (Michel).

53 — Des Coqs et Poules dans une basse-cour. B.

KNOLLER.

54 — Jeanne Seymour, une des femmes d'Henri VIII, roi d'Angleterre. T. Collection d'*Horace Valpoole.*

LAFAYE (M.)

55 — Dans un Intérieur décoré de meubles gothiques, deux domestiques à livrée viennent d'introduire un jeune paysan qui reconnaît sa sœur dans la dame du lieu. T.

56 — Vue d'un ancien Manoir de Normandie, au XVe siècle. T.

LAMBRECHT.

57 — Deux Femmes dont une tient un pot. B.
58 — Deux Paysans, l'un tient un pot, l'autre mange des moules. B.

LE ROY (de Bruxelles).

59 — Vue de Hollande, au premier plan divers animaux sortant d'une ferme. Paysage dans le style de *Wynants.*

QUENTIN MATSIS

60 — Portrait de Louis XI, roi de France; il est vu à mi corps dirigé à gauche tenant dans ses mains un livre d'heures en forme de cœur. Dans le fond à gauche, une église gothique. Ce curieux petit tableau est d'une exécution fine et soignée, il est sur bois et cintré, il provient de la collection d'*Horace Valpoole*.

MICHAU (THÉOBALD).

61 — Paysages, vues de Flandre animées de petites figures. Deux jolis petits tableaux sur cuivre.

MIEL (JEAN).

62 — Pâtres romains autour d'un feu, effet de clair obscur. T.

MIÉRIS (imitation de FRANÇOIS).

63 — Une Dame de distinction dans un soyeux costume est vue presque jusqu'aux genoux, dans un jardin, près d'elle un panier de fleurs. B.

MILBOURNE.

64 — Deux belles vaches dans un pâturage. T.
65 — Paysage, au premier plan un Pâtre et deux Vaches traversant un petit pont jeté sur un ruisseau. T.

METZU (Ecole de).

66 — Au premier plan d'un Marché d'une ville de Hollande, une femme semble vouloir acheter du gibier que lui présente une marchande. B.

MOLNAERT.

67 — Un Hiver. Patineurs sur un canal glacé de Hollande, à droite divers bâtiments indiquant l'entrée d'une ville.

MOMERS.

68 — Au premier plan d'un riche Paysage, un troupeau de sept moutons et chèvres, près duquel est un pâtre parlant à une femme qui tient un enfant au maillot sur ses genoux. Bon tableau sur bois, d'un ton chaud et vaporeux.

MONPER.

69 — Marchands de poisson sur une plage de Hollande. B.

OSTADE (ISAAC).

70 — Intérieur de tabagie hollandaise.

POELEMBOURG.

71 — La Vierge à mi corps tenant l'Enfant-Jésus dans ses bras. B.

RAMBOUST.

72 — Près de ruines d'architecture, à droite, des Pâtres et leurs troupeaux au repos. Au milieu de la composition une Fontaine où des seigneurs revenant de la chasse font désaltérer leurs chevaux; à droite un valet tenant des chiens en laisse. T.

ROOS (Henri).

73 — Au milieu d'un Bois, un Troupeau de vaches et moutons suivi par une femme portant un paquet sur la tête. T.

ROTTENHAMER.

74 — La Vierge adorée par des anges. Tableau sur albâtre.

75 — Diane et ses nymphes surprises par Actéon. C.

76 — Le Jugement dernier. L'artiste dans cette composition s'est inspiré de Michel Ange. B.

RUBENS (Ecole de).

77 — La Charité romaine. Composition gravée. T.

RUYSDAEL (Salomon).

78 — Une rivière bordée à droite par un massif d'arbres, à gauche un tertre boisé. Au premier plan, une barque de pêcheur. B.

79 — Une forêt bordant une rivière, en avant divers animaux conduits par un pâtre. B.

80 — Village hollandais au bord d'une rivière, animé par le passage d'un bac.

SCHELFOUT.

81 — Un Hiver, effet de neige. B.

SPRANGER (Barthélemy).

82 — Le repos en Egypte. La Sainte-Vierge, l'Enfant-Jésus, Saint-Jean et deux anges. Tableau agréable et du meilleur faire du maître. T.

STOCKLEIN.

83 — Intérieur d'église. B.

TÉNIERS (signé du monogramme D. T.)

84 — Chaumière hollandaise au bord d'un chemin, le long d'une rivière, sur ce chemin, deux paysans sont arrêtés à causer. B.

TÉNIERS (pastiche de).

85 — Départ de la Sainte-Famille pour l'Egypte. Tableau sur cuivre.

86 — Têtes de paysans hollandais. Deux tableaux sur bois.

VAN BLOM.

87 — Dans un paysage, des pâtres et des animaux au repos. T.

VAN DYCK.

88 — Le Sauveur représenté en pied tenant sa croix. A ses pieds, un calice. Ce tableau, d'une remarquable exécution, est sur bois et de forme étroite, il nous paraît appartenir à une suite du Christ et des Apôtres, sans doute exécutée pour une église de Flandre.

VORRELL, 1825 (A.-B.).

89 — Un Pâturage hollandais. Trois vaches, un taureau et sept moutons et une chèvre, occupent le milieu de la composition. T.

VAN DER MEER DE JONGHE.

90 — Un troupeau de moutons et béliers arrivant sur le premier plan à droite, où le chien se désaltère dans une mare; vers la gauche, une touffe de plantes et un massif d'arbres. Tableau important du maître. T.

VAN DER NEER.

91 — Paysages, rochers, composition terminée à l'horizon par des montagnes. Deux tableaux de forme ronde.

VAN TOL.

92 — Vieille femme à une croisée arrosant des œillets. B.

WATERLOO (Antoine).

93 — Vues de moulins sur le bord d'une rivière de Hollande; à gauche, un beau massif d'arbres et quelques chaumières.

94 — Un village entouré d'arbres, en avant, un chemin au bord d'une rivière, sur lequel se voient des paysans et divers animaux.

Deux très bons tableaux faisant pendant d'un maître dont les productions sont rares.

WOUVERMANS (Pierre).

95 — Des voyageurs venant de traverser un pont, s'arrêtent à la porte d'une espèce de château fort servant d'hôtellerie. B.

WOUVERMANS (imitation de).

96 — Repos de voyageurs, médaillon sur bois.

WOUVERMANS (Ecole de).

97 — Chasse au cerf et passage d'une rivière par un corps d'armée, compositions gravées. Deux tableaux sur bois.

WEENIX (Jean-Baptiste).

98 — Au premier plan, vers la gauche, une dame assise; un enfant appuyé sur ses genoux, lui présente des fruits. Plus loin, un autre enfant tenant des fleurs qu'il va aussi lui offrir, un homme debout derrière ces trois personnes, complète cette scène de famille, qui se passe dans les jardins d'un palais. Très bon tableau T.

WYNANTS (de Bruxelles).

99 — Maison au bord d'un canal de la Hollande. T.

ZICK.

100 — Saint-François mourant, un prêtre qui descend de l'autel, va lui donner le Viatique. C.
101 — Mendiant aveugle et son jeune garçon. B.

STANFIELD.

102 — Vue des côtes d'Angleterre. Aquarelle.

TAYLOR, 1820.

103 — Trois Chiens de chasse en course. T.

ÉCOLE FLAMANDE.

104 — Sainte Anne visitant la Vierge. Le paysage dans le goût de *Paul Brill*.

ÉCOLE MODERNE HOLLANDAISE.

105 — Vue d'un canal glacé de Hollande animé d'un grand nombre de figures.

INCONNU.

106 — Portrait de Léon X, pape, peint du temps et très fin d'exécution, il est sur cuivre et vient de la collection d'Horace Valpoole.
107 — Une Tête de moine. Portrait fin de ton. C.
108 — Un Voyageur demande son chemin à une jeune fille.
109 — Grand et riche Paysage montagneux. T.

ÉCOLE FRANÇAISE.

BOUCHER (genre de).

110 — Deux Génies soutiennent une guirlande de fleurs et fruits; tandis que deux autres jouent avec un oiseau.

BRUANDET.

111 — Le chemin dans la forêt. T.
112 — Paysage. Une rivière bordée par un bois.
113 — Le chemin conduisant à une chaumière à l'entrée d'un bois. B.
       Paysage faisant pendant. B.
114 — Vue de fabrique au bord de la mer. B.

BIDAULT.

115 — Un Ermite dans une grotte au travers de laquelle s'aperçoit un beau site d'Italie.

BONNINGTON.

116 — Vue de la place Saint-Marc, à Venise. Tableau non terminé. T.
117 — Vue du Pont-Neuf, à Paris, prise du pont des Arts. Etude d'après nature non achevée. B.
118 — Une plage. T.
119 — Vue d'un port. Etude. T.
120 — Vue prise sur les côtes de Normandie. Aquarelle.
121 — Vue de Suisse. Aquarelle.
122 — Etude de paysage. Sépia.

CARLE VERNET.

123 — Une Chasse. Beau dessin à la sépia.

CINTRAC, 1833.

124 — Les Moissonneurs. Grand et bon tableau de cet artiste. T.

COUDER (M.).

125 — Le Lévite d'Ephraïm. Petit tableau peint sur bois, première pensée du grand exécuté par le même artiste.

DEMARNE (composition de).

126 — A l'entrée d'une ferme, une famille de paysan dans diverses occupations champêtres. Au milieu du tableau, on remarque un jeune enfant que sa mère monte sur le dos d'une chèvre. T.

DREUX DORCY (M.).

127 — Une jeune fille à la fontaine. — Jeune fille au bord d'une cascade. Deux tableaux de forme ronde.

DEBUFFE (d'après).

128 — La Surprise. L'Amour. Deux tableaux médaillons.

FRAGONARD.

129 — Une Bacchante, elle tient un verre de la main gauche, près d'elle sont des fruits. T.

FINART (M.).

130 — Un Mameluck à cheval, il est dirigé vers la droite. T.

GAUTIER.

131 — Un Chien de chasse garde du gibier placé au pied d'un arbre dans une forêt. T.

GÉRICAULT.

132 — Tête de jeune garçon. Etude d'une grande énergie. T.

GENILLON.

133 — Voyageur arrêté à la porte d'une maison de paysans, dont plusieurs sont à la porte. Joli tableau sur bois.

GREUZE.

134 — Petit Paysage, effet de soleil au travers d'un brouillard sur la rivière. Esquisse.

GREUZE (attribué à).

135 — Étude d'Enfant endormi.

JANET (François).

136 — Marie Stuart. Joli portrait d'une exécution soignée, il est sur bois et vient de la collection *Horace Valpoole.*

OCAR GUET (M.).

137 — Le Retour des champs. Très jolie aquarelle.

GUDIN (Théodore).

138 — Marine au soleil couchant. T.

LAHYRE (LAURENT DE).

139 — Sujet tiré de l'ancien Testament. Tableau capital du maître. T.

LA JOUE et LANCRET.

140 — Une fontaine architecturale de style rocaille dans un jardin où se promènent et se divertissent diverses personnes. T.

LEPRINCE (Léopold).

141 — L'entrée et la sortie du bain d'une jeune fille. Deux tableaux faisant pendant. T.

MASSON.

142 — Intérieur d'une ville. Dessin à la mine de plomb.

MAUPERCHÉ (Henri).

143 — Beau Paysage, le côté droit est occupé par le Temple de Neptune, du côté opposé, un autre temple en ruine; le fond offre une cascade. Plusieurs figures par Philippe Lauri, animent cette grande et riche composition dont l'exécution rappelle le Claude. T.

MICHALLON.

144 — Étude de platane. T.

MICHEL.

145 — La famille du Bûcheron dans la forêt. B.
146 — Paysage. Chemin conduisant à un village. B.

MIGNARD.

147 — La nymphe Sirinx, poursuivie par Pan, se jette dans les bras d'un fleuve qui est à gauche. A droite, des jeunes enfants figurant des fleuves. T.

OUDRY.

148 — Des moutons, des vaches, et une jeune fille montée sur un âne, passent un ruisseau au pied d'une berge garnie d'arbres dont on ne voit que le pied.

PERROT.

149 — Marine. Vue près Naples.
150 — Marine. Port de Normandie. T.

ROEHN père (M.).

151 — La Mort de Turenne. Jolie petite esquisse pleine de sentiment. T.

SENAVE.

152 — Intérieur de ferme; au milieu d'un groupe de figures, on remarque un jeune enfant que l'on place sur un âne. B.

153 — Le Maréchal Ferrant. Joli tableau sur bois, où ce maître a cherché à imiter Wouvermans. B.
154. — Scènes familières d'intérieur. Deux tableaux sur bois.

ARY SCHEFFER (M.).

155 — La Recommandation paternelle, scène de famille. Aquarelle pleine de sentiment.

TAVERNIER.

156 — Paysage dans le style du Guaspre Poussin.

VALLIN.

157 — Vénus se balançant sur les eaux. Gracieux tableau. T.

VAN DER BURG père.

158 — Paysages de style. Deux tableaux de forme ovale.

VERNET (Joseph).

159 — Une Tempête.

ÉCOLE FRANÇAISE (XVIIIe siècle).

160 — Un jardin avec monuments et orné de diverses figures. T.

ÉCOLE MODERNE.

161 — Fuite en Égypte. L'artiste dans cette composition s'est inspiré de Murillo. T.

162 — La Porte d'une ville. Signé P. G. 1834.

163 — Vue d'un village dans un paysage d'une vaste étendue. T.

164 — Tête de Vieillard à barbe blanche.

165 — Portrait à mi-corps d'une jeune fille, un bouquet à son corsage. T.

166 — Encyclopédie, par une société de gens de lettres, revue par Diderot et d'Alembert. *Paris*, 1775, 35 vol. in-fol., v.

166 *bis*. — Deux cents volumes environ bien conditionnés de bons ouvrages sur les sciences, l'histoire et les belles-lettres, dont les œuvres de Racine, Boileau, Fontenelle, Guizot, Picard, Duval, Lavater, etc. Annales du Musée, par Landon, etc.

166 *ter*. — Deux manuscrits.

167 — Tous les objets omis seront vendus sous le présent numéro.

DÉSIGNATION
DES
OBJETS MOBILIERS

BRONZES.

Pendules, Candelabres, Lustres, Flambeaux.

168 — Vase posé sur un socle orné de guirlande; belle pendule du nom de Julien le Roi, style Louis XVI.

169 — Une pendule Pompadour, vase en bronze doré, à deux anses, la panse et le piédouche en porcelaine de Sèvres bleu turquoise à deux médaillons à fleurs. Elle vient du château de Rueil.

170 — Une grande pendule en marqueterie de Boule, style de Louis XIV, mouvement de Mynel.

171 — Une riche pendule en bronze doré, ornée de onze médaillons en porcelaine à fleurs, celui du milieu avec sujet, le cadran est soutenu par deux enfants, moitié dauphins.

172 — Une Pendule, figures de cariatides, et le buste du Tasse. Style renaissance.
173 — Candelabres à deux lumières, figures de Sphinx, en bronze.
174 — Deux Candelabres en bronze doré, figures de Nymphe et Amour sortant des roseaux, et portant une corne d'abondance avec fleurs de lys, à 5 lumières. Les socles en porcelaine décorée de médaillons à fleurs.
175 — Deux Candelabres girandoles à 3 lumières, portés par des enfants, sur socle rocaille.
176 — Deux Candelabres à deux lumières soutenus par des cariatides d'enfants en bronze, époque Louis XVI.
177 — Très grand vase en porcelaine de Saxe avec girandole à neuf lumières, pied et anse à larges feuilles. Bronze doré.
178 — Deux lampes en porcelaine bleu turquoise, médaillon pastoral genre Boucher, oiseaux et fleurs, garnies en bronze doré.
179 — Un Lustre ancien, bronze doré, douze lumières, style Louis XIV.
180 — Un Lustre en bronze doré à huit lumières, style Louis XIV.
181 — Un Lustre à six lumières en bronze doré, style Louis XIV.
182 — Un lustre à douze lumières.
183 — Un Lustre en bronze doré à six lumières, garni de porcelaine à dessins chinois, d'un joli style.

184 — Un brûle-parfum chinois, en bronze.
185 — Deux brûle-parfums en bronze, sur socle en marbre.
186 — Deux brûle-parfums en bronze, surmontés de chimères.
187 — Une paire de feu à vase et dragon en bronze doré.
188 — Une galerie avec deux lions en bronze doré.
189 — Deux bras de cheminée à trois lumières, roses et fleurs de lis, bronze doré.
190 — Deux Flambeaux rocaille en bronze doré.
191 — Deux flambeaux rocaille, bronze doré.
192 — Deux Flambeaux trépieds en bronze doré.
193 — Deux Flambeaux en bronze doré, style Louis XV.
194 — Deux petits flambeaux à dauphin, époque de Louis XVI.
195 — Deux Girandoles à fleurs dorées dans des vases porcelaine.
196 — Deux autres   id.
197 — Lanterne d'antichambre.

Statuettes en bronze et en marbre, Vases en porphyre et autres Objets de curiosité.

198 — Une Vénus, statuette en bronze florentin.
Un Antinoüs, statuette en bronze florentin.
199 — Deux statuettes en bronze, de Voltaire et Rousseau, sur socle en marbre.
200 — Petite figurine en bronze doré, représentant Persée sur le cheval ailé. Socle en acajou.

201 — Silène soutenue par deux nymphes, groupe en bronze, sur socle en vert de mer.
202 — L'Amour tirant de l'arc, figure en bronze.
203 — Deux Chiens qui se battent, groupe en bronze artistique.
204 — Un saint Martin à cheval en bois sculpté et doré.
205 — Deux vases avec couvercle en porphyre, socle aussi en porphyre, garni en bronze doré.
206 — Un cartel, deux flambeaux et deux coupes en marbre noir anglais.
207 — Divinité égyptienne, Sérapis, figurine en rouge antique.
208 — Deux groupes en marbre représentant Vénus caressant l'Amour, et Vénus châtiant l'Amour avec un bouquet de rose. Ces deux gracieuses statues, par Lemoine.
209 — La Cruche cassée, statuette de jeune fille en terre cuite, par Marin.
210 — Un miroir florentin du XVI° siècle, en ambre et ébène, ayant appartenu à Catherine de Médicis.
211 — Vase en ivoire, monté en bronze, anse à col de cygne.
212 — Une belle lampe chinoise en ivoire, découpé à jour.
213 — Une veilleuse en filigrane d'argent, avec surprise.
214 — Un petit coffret en marqueterie de Boule avec cariatides, sphinx aux quatre angles.
215 — Coffre en marqueterie de cuivre et écaille, garni en bronze doré.

216 — Coffret à pan coupé en laque burgoté, avec ornements en cuivre.
217 — Une croix en bois rocaille, garnie de douze émaux, sujets de la vie de Jésus et des Saints.
218 — Une hache-d'arme indienne.
219 — Un cimeterre; lame gravée et la poignée en ivoire sculpté, représentant Louis XV.
220 — Un yatagan, la poignée tête de cheval damasquiné.
221 — Deux couteaux chinois.
222 — Une dague indienne, manche curieux.
223 — Une coupe en bronze, ornement doré sur fût de colonne en porphyre, avec piédouche en bronze doré.

PORCELAINES

de Sèvres anciennes et modernes, de Saxe et de Chine, et Cristaux.

224 — Un bol en porcelaine de Sèvres bleu turquoise, avec médaillon fleurs et oiseaux, monté en bronze doré sur pied à figure ailée.
225 — Deux très grands vases en porcelaine bleu turquoise, médaillon à la Boucher, richement montés en bronze.
226 — Une tasse à chocolat et sa soucoupe, en ancien Sèvres. Dessin ruban bleu et fleurs.
227 — Une tasse et sa soucoupe ancien Sèvres, anse à jours, décorées de guirlandes de fleurs.

228 — Un pot à l'eau et sa cuvette en porcelaine ancienne de Sèvres, à dessins rubanés or et fleurs bleues.

229 — Très beau vase en Saxe, avec fleurs en relief, monté sur piédouche rocaille en bronze doré.

230 — Soupière à deux anses en porcelaine de Saxe, fleurs en relief, et médaillons paysages.

231 — Six tasses et leurs soucoupes, en porcelaine de Saxe, fond vert, médaillons paysages.

232 — Deux bouteilles en porcelaine d'Allemagne, avec décors d'oiseaux.

233 — Figurine de femme en porcelaine de Saxe, sur socle rocaille en cuivre doré.

234 — Quatre petites figures, Joueur de basque, Tambourin, et Jardinier et Jardinière, en porcelaine de Saxe.

235 — Quatre flacons en porcelaine de Saxe.

236 — Un petit vide-poche en porcelaine décoré, monté en bronze.

237 — Vase formant encrier, en porcelaine, avec une anse chimère en bronze doré.

238 — Deux vases à anses en porcelaine, fond vert monté en forme d'aiguière.

239 — Un plat de Bernard de Palissy, sujet de Persée délivrant Andromède.

240 — Une soupière et son plateau en porcelaine de Chine.

241 — Cassolette en porcelaine bleu, garnie en cuivre doré et deux amours et des fleurs en Saxe.
242 — Un bol en porcelaine de Chine, forme octogone, anse et pieds en bronze doré.
243 — Un grand bol en porcelaine de Chine, richement monté sur pied, avec cariatides et figures chimères.
244 — Vase en porcelaine de Chine, fleurs en relief, monté en bronze.
245 — Vase Mandarin en porcelaine de Chine.
246 — Deux vases-bouteilles en porcelaine céladon, anses et pieds en bronze doré.
247 — Très grand et beau vase céladon, riche monture rocaille avec anse bronze doré.
248 — Deux vases chinois à six pans. Dessin fleurs et oiseaux, garniture à jour au couvercle et posant sur trépied en bronze doré.
249 — Vase en porcelaine bleue de Perse, monture bronze doré, de style indien.
250 — Deux vases en céladon bleu, ornement gaufré, avec anse et piédouche en bronze doré.
251 — Deux vases céladon gris à petits médaillons, montés en bronze doré.
252 — Deux coupes en céladon, montées sur trépieds, à figures ailées, en bronze doré.
253 — Un petit vase en porcelaine céladon craquelé.
254 — Deux petits flacons en céladon craquelé.
255 — Deux cassolettes brûle-parfums porcelaine et bronze.

256 — Deux petits vases en porcelaine de Chine, avec figures en relief.
257 — Une coupe en cristal supportée par deux amours en bronze doré, et quatre plateaux sur trépied à cygnes, bronze doré.
258 — Deux grands verres à pieds à filigranes gravés avec insignes de francs-maçons. Un autre verre à anse.
259 — Deux vases en cornets, en verrerie allemande, gravure à ruban, socle en bronze doré.
260 — Quatre flacons en cristal, plateau en plaqué anglais.
261 — Deux flacons en cristal en forme de couronne.
262 — Seize flacons et carafes, et verres de tables de diverses formes en cristal anglais taillé.
Ce numéro sera divisé.

Vases grecs et étrusques.

263 — Grand Vase à deux anses, deux figures rouges et palmettes.
264 — Un vase de Nola à deux anses, deux figures rouges, fond noir.
265 — Un vase à trois anses, figure rouge, palmette.
266 — Quatre petits vases amphores.
267 — Un vase à deux anses, deux figures rouges, fond noir.
268 — Une coupe à deux anses, un dessin frise, figures rouges sur fond noir.

269 — Une coupe à deux anses, dessin frise avec animaux, noir sur fond rouge.
270 — Un vase à deux anses avec papillons.
271 — Petit vase à une anse, deux figures noires sur fond rouge.
272 — Vase noir, quatre figures noires sur fond rouge, dont une d'Homère.
273 — Un vase, dessin noir sur fond rouge, de quatre figures dont un Satyre dans une posture libre.
274 — Vase à une anse, figures noires, quatre guerriers qui se battent.
275 — Quatre petits vases, coupes et lampes étrusques.
276 — Deux petits vases étrusques.
277 — Un grand et beau vase à deux anses, trois figures d'un côté, de l'autre un triomphe.
278 — Amphore à une anse, figure rouge.

Meubles en marqueterie de Boule, de Reisler, etc., etc., Tapis.

279 — Un beau meuble bureau secrétaire en bois de rose, s'ouvrant à trois ventaux, et tiroir du bas garni de bronzes dorés et ornés de quinze plaques en porcelaine de Sèvres, décorés de médaillons à bouquets de fleurs et figures pastorales.
280 — Un très beau secrétaire à deux riches panneaux de marqueterie, ancien Boule.

281 — Un meuble à hauteur d'appui, à deux vantaux vitrés, style de Boule, dessus de marbre blanc.
282 — Deux consoles en marqueterie de cuivre et écaille, dessus de marbre.
283 — Deux consoles, forme rocaille, style Reisler, à chaque quatre Cariatides et figures et à la Watteau, en bronze doré.
284 — Deux meubles consoles en bois de rapport, marqueterie, représentant des fleurs, et ornés de bronze doré.
285 — Deux meubles consoles, en bois de rapport, ornés de bronze doré.
286 — Six grands panneaux en laques encadrés en acajou et formant deux armoires.
287 — Une console rocaille en bois doré, dessus de marbre blanc, style Louis XV.
288 — Un grand canapé, deux bergères, quatre fauteuils et quatre chaises en bois doré et couvert en ancien damas à fleurs brochés. Meuble de l'époque de Louis XIV.
289 — Ecran à pied et sculpté, en ébène, et broderies sur soie, style renaissance.
290 — Une table d'écarté en palissandre.
291 — Deux consoles en palissandre, ornements sculptés, filets de cuivre.
292 — Deux jardinières en palissandre à filets.
293 — Un beau bureau en palissandre avec galerie et filets en cuivre.

294 — Un petit guéridon en palissandre, forme chinoise.

295 — Deux petites étagères à trois tablettes, en palissandre, ornées chacun de quatre médaillons en porcelaine de Sèvres décorés de bouquets et garnis d'ornements en cuivre doré.

296 — Un petit bureau de dame, en acajou, à cylindre et à deux faces, cariatides en bois dorés et ornements en cuivre dorés; il a appartenu à l'impératrice Joséphine.

297 — Une petite bibliothèque à deux vantaux, en palissandre et filets.

298 — Deux grands buffets étagères en acajou.

299 — Un chevalet de peintre en acajou et à col de cigne.

300 — Paravent à six feuilles en acajou et soie rouge.

301 — Table à la Tronchet en acajou.

302 — Un cadre rond en palissandre, ornements en cuivre.

303 — Six chaises en bois peint en blanc avec dessins en or, couvertes en soie brochée.

304 — Deux chaises et deux fauteuils en acajou sculptés avec tête de bélier, couverts en toile perse.

305 — Une table ronde avec tiroirs en palissandre avec incrustation en cuivre doré.

306 — Une table ronde en acajou avec dessus en marbre blanc.

307 — Un écran en cuivre doré.

308 — Un grand tapis moquette, ornements, fleur d'acanthe orange sur fond blanc.
309 — Plusieurs tapis en moquette pour salon et chambre à coucher.
310 — Les articles omis en objets mobiliers, porcelaines, verreries, etc.

Paris. Imprimerie et Lithographie Maulde et Renou, rue des Fossés-Saint-Germain-l'Auxerrois, 14.

www.ingramcontent.com/pod-product-compliance
Lightning Source LLC
Chambersburg PA
CBHW030103230526
45471CB00003B/1232